楽しい調べ学習シリーズ

よくわかるLGBT

多様な「性」を理解しよう

[監修] 藤井ひろみ

PHP

はじめに

みなさんは、「性」という言葉から何を思いうかべますか？

「女性」「男性」といった性別のこと？　好きな人とふれあいたいという気持ち？　こころとからだの話？　大人の世界のこと？　自分には関係ないこと？

性とは、人間が生きていくことの中心のようなものです。大人だけでなく、大人への階段をのぼりはじめたみなさんにとっても、性はとても大切なものです。

性には、さまざまなかたちがあり、そのかたちは一人ひとりちがいます。性は「自分らしさ」や、その人の生き方とも深く関係しているといえるでしょう。

また、性は人と人とのかかわりでもあります。性について知ることは、自分のこころとからだを理解することだけでなく、自分以外の人のこころとからだを理解することです。

一人ひとりのちがいを「その人らしさ」として認め、お互いを大切にすることは、すべての人が生きやすい社会にもつながっていきます。

この本は、「さまざまな性」をテーマにしています。学校や家庭では教えてもらえないことや、はじめて知ることもたくさんあるでしょう。

おどろいたり、とまどいを感じたりする人もいるかもしれません。でも、さまざまな性、そして、さまざまな性を生きる人たちについて知ることは、みなさんの世界を大きく広げ、ものの見方や考え方も大きく変えるはずです。

第１章では、さまざまな性のかたちについて解説します。

第２章では、自分、友だち、そして学校生活という身近な視点から、さまざまな性を生きることについて、みなさんと一緒に考えていきます。

そして第３章では、さまざまな性を生きる人たちが生きやすい世の中にするために、日本や世界でじっさいにどんな取り組みがおこなわれているかを紹介します。

自分の性について悩んでいる人も、好奇心からなんとなくこの本を手にとった人も、本を読んだあとに、自分や自分をふくめた人間全体に対して、大切に思う気持ちや、あたたかな気持ちがこころの中に流れていることを感じてもらえたら、と願っています。また、いまはピンと来なくても、この本で書かれていることを、頭の片隅にでもおいて、これからの人生の中で「あっ、そういえば……」と思い出してもらえたらうれしく思います。

藤井ひろみ

よくわかるLGBT もくじ

第1章 LGBTって何？

第2章 もしも自分や友だちがLGBTだったら？

第3章 LGBTに対する日本の取り組み・世界の取り組み

第(だい)1章(しょう)

LGBT(エルジービーティー)って何(なに)？

「セクシュアリティ」って何だろう？

生き方や「自分らしさ」にもかかわるような、広い意味での「性」のあり方を「セクシュアリティ」といいます。セクシュアリティは、性に関するいくつもの要素が組み合わさってできており、さまざまなあり方が存在します。

セクシュアリティの４要素

セクシュアリティは、おもに次の4つの要素から構成されています。

からだの性

生まれもったからだの特徴によって、人を男性か女性かに分けるのが、「からだの性」（生物学的な性）です。一般的にペニスなどがあるのが男性で、ペニスがなくて膣などがあるのが女性です。さらに思春期になると、男性はひげが濃くなる、女性は胸がふくらむなどの第二次性徴がからだにあらわれます。

中には、生まれつきのからだの構造や第二次性徴のあらわれ方がほかの男女と異なる「性分化疾患」の人もいます。

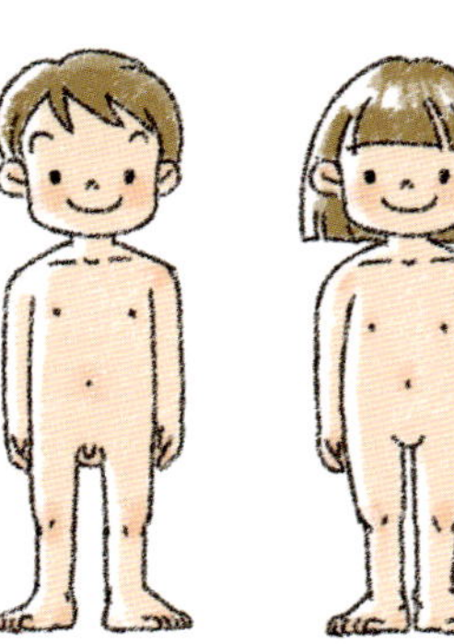

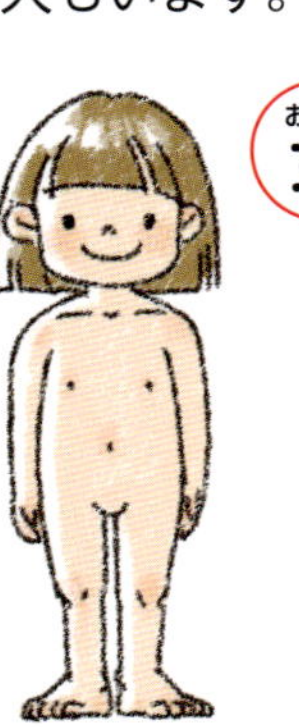

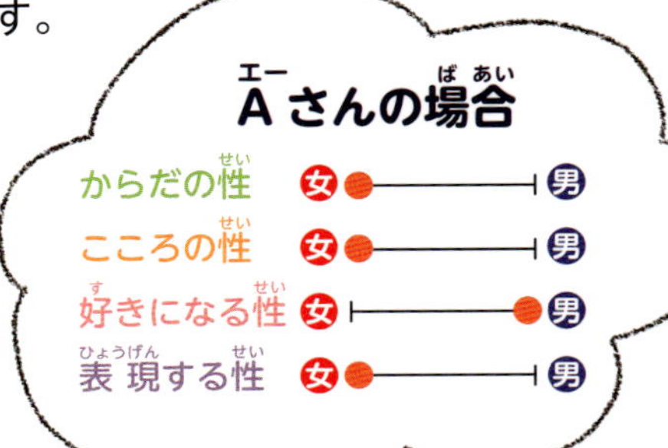

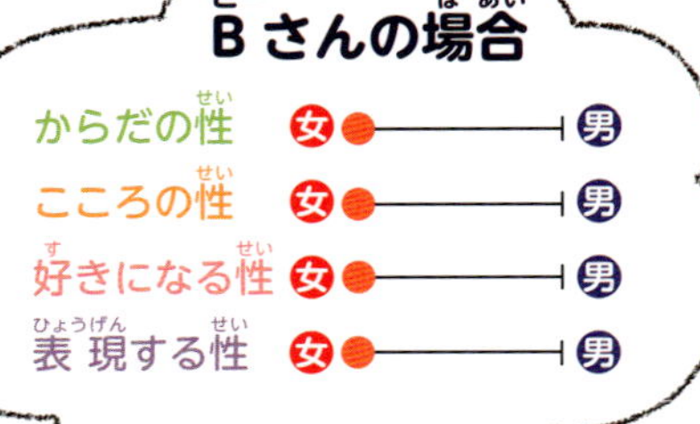

こころの性

「からだの性」に関係なく、その人が自分の性別をどのように感じているかを「こころの性」(性自認)といいます。多くの人は「からだの性」と「こころの性」が一致していますが、「からだは男性だけど、自分では女性だと思っている」というように、からだとこころの性別が同じでない人もいます。また、自分が男性なのか女性なのかわからない、どちらにもあてはまらないという人もいます。

好きになる性

どの性別を恋愛や性的な関心の対象にするかを、「好きになる性」(性的指向)といいます。世の中の多くの人は異性を好きになると考えています。しかし、同性を好きになる人や、同性も異性も好きになる人、どの性別にも恋愛感情や性的な関心をもたない人もいます。

Eさんの場合
からだの性 女 男
こころの性 女 男
好きになる性 女 男
表現する性 女 男

表現する性

服装や髪型、しぐさや言葉づかいなどによって、自分の性別を社会に対してどのように表現するか、というのが「表現する性」です。「表現する性」は、伝統的な「男らしさ」「女らしさ」と必ずしも同じとは限りません。また、多くの人は「からだの性」の性別にそった自己表現をしますが、「からだの性」と「こころの性」が同じでない人は、「こころの性」にそった自己表現をすることもあります。

「男らしさ」「女らしさ」というけれど……

「女は女らしく」「男は男らしく」という考え方に疑問をもったことはありませんか。「男らしさ」「女らしさ」の根拠は、いったいどこにあるのでしょうか。この価値観に当てはまらない人がいることも、知っておきましょう。

「男らしさ」「女らしさ」は普遍的なもの？

「男らしさ」「女らしさ」とは、その社会において、性別にふさわしいとされる外見やふるまいのことです。職業などの社会的な役割も、その影響を受けることがあります。

何を「女らしい」「男らしい」とするかは、地域や民族、宗教、時代、年齢などによってもちがいます。「からだの性」にもとづいた生まれつきのもの、という考えもありますが、成長する中でまわりの大人たちや学校教育などを通して習得させられる「男らしさ」「女らしさ」もあります。

また、多くの場合、「女らしさ」「男らしさ」のお手本は身近な人といわれています。その人が育ってきた環境によっても、「男らしさ」「女らしさ」のイメージは微妙にちがってくるのです。

「男らしさ」「女らしさ」の前提とは？

「男らしさ」「女らしさ」の前提となるのは、「世の中には男性と女性の２種類の性別しかなく、それぞれの性別にふさわしい外見やふるまいがあり、男性は女性を愛し、女性は男性を愛する」という考え方です。

このような考え方は「当たり前」のものとして社会全体に広がっており、大多数の人が意識する・しないにかかわらず、この考え方に影響された生き方をしています。

しかし、この考え方は、決して絶対的なものではありません。

「当たり前」の外側にいる人たち

世の中には、このような考え方とはちがう考えをもつ人たちもいます。

たとえば、同性を恋愛の対象にする人や、同性と異性の両方を恋愛の対象とする人、「からだの性」と「こころの性」が同じでない人たちなどです。このような人たちを、セクシュアリティにおける少数派という意味で「セクシュアル・マイノリティ」（性的少数者）と呼ぶことがあります。最近では、「ＬＧＢＴ」という呼び方も一般的になってきました。

LGBTって何の略？

セクシュアリティにおける少数派の人たちをどう呼ぶかは、社会や人びとの意識の変化とともに変わってきています。「セクシュアル・マイノリティ」にかわって、世界中で広く使われるようになったのが「LGBT」という表現です。

ポジティブな表現「LGBT」

「LGBT」とは、「レズビアン（Lesbian）」「ゲイ（Gay）」「バイセクシュアル（Bisexual）」「トランスジェンダー（Transgender）」の頭文字を組み合わせた言葉です。1990年代に、欧米でセクシュアル・マイノリティの人たちが自らの存在を示すポジティブ（前向き）な表現として使い、最近では日本でもよく見聞きするようになりました。

女性同性愛者。女性で「好きになる性」が同性（女性）の人。

男性同性愛者。男性で「好きになる性」が同性（男性）の人。欧米では、女性の同性愛者も「ゲイ」と呼ぶことがある。

B バイセクシュアル

両性愛者。「好きになる性」が男性の場合も女性の場合もある人、あるいは相手の性別にこだわらない人。

「からだの性」と「こころの性」が一致せず、違和感をもっている人。

そのほかの新しい表現

「LGBT」という表現では多様なセクシュアリティを十分に説明しきれない、という考え方から、次のような新しい表現も生まれています。

LGBTQ

「LGBT」に「セクシュアリティを模索中」という意味をもつ「Q（クエスチョニング）」（➡24ページ）を加えた表現。

SOGIE

「好きになる性」(Sexual Orientation)、「こころの性」(Gender Identity)、「表現する性」(Expression) というセクシュアリティの3つの要素の頭文字を組み合わせた表現。

「LGBT」が「その人はだれか？　何か？」という考え方を基本にしているのに対して、「SOGIE」は「どんな状況か？」という考え方を基本にしている。この3つの要素を使うことで、異性愛者やLGBTもふくめたいろいろなセクシュアリティが説明しやすくなる。

※「LGBT」は多くの場合、L、G、B、Tの4つだけでなく、そのほかのセクシュアリティもふくめたセクシュアル・マイノリティ全体をさす意味で用いられます。この本もそのような意図で「LGBT」という表現を使っています。

恋愛に興味があることが「当たり前」ではない

LGBT以外のセクシュアル・マイノリティのひとつに、「Aセクシュアル」があります。恋愛や性的なことに関心をもたないセクシュアリティで、「無性愛」とも呼ばれます。

すべての人が、恋愛に興味があるわけではないことを知っておきましょう。

みんなのまわりにもいる LGBT

「LGBTはマンガや海外のテレビドラマの中だけの存在で、自分のまわりにはいない」と思っていませんか？　しかし、LGBTの人たちは、みんなのまわりにもいて、わたしたちはその存在に気づいていないだけなのかもしれません。

LGBTの割合

2016年に、全国の20～50代の８万9366人を対象に行った調査*では、レズビアン、ゲイ、バイセクシュアル、トランスジェンダーの割合は約5.9パーセント。そこにAセクシュアル（➡13ページ）など、その他のセクシュアル・マイノリティを合わせると約８パーセントになる、という結果が出ています。

この調査に10代はふくまれていませんが、同じ割合と考えると、１クラスが40人とすれば、教室の中に３人のLGBTがいるという計算になります。

ほかの調査でも、これに近い数値が出ていて、調査に参加していない人たちや、正直にこたえていない人などをふくめると、実際には、LGBTの数はもっと多いと考えられています。

セクシュアリティの割合（2016年）

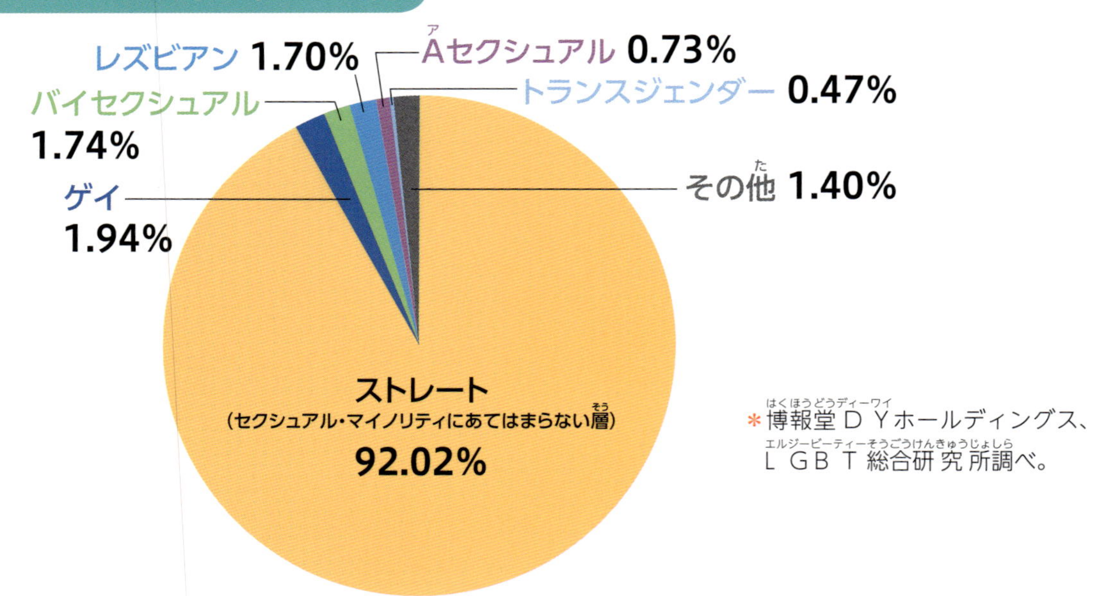

*博報堂ＤＹホールディングス、ＬＧＢＴ総合研究所調べ。

見えないLGBT

「マイノリティ」（少数派）とはいうものの、約８パーセントという割合を見ると、ＬGＢＴの人数は決して少ないとはいえません。しかし、「自分のまわりにはＬGＢＴはいないし、これまで会ったこともない」という人が多いのはなぜでしょうか？

ＬGＢＴかどうかは、本人がいわない限り、他人が外見やふるまいなどから勝手に判断するものではありません。また、多くのＬGＢＴは、まわりからの差別やいじめをおそれ、自らのセクシュアリティをかくして生きているため、人に気づかれにくいものです。中には、自分のことをＬGＢＴだと気づかない人や認めたくない人もいます。

LGBTは多様なセクシュアリティの一部

多数派、少数派のちがいはあっても、多様なセクシュアリティの一部という意味では、異性愛者もＬGＢＴも同じです。また、そもそもＬGＢＴと「そうでない人」のあいだに、はっきりとした境界線があるわけではないのです。

セクシュアリティは、ほかのだれのものでもない、その人自身のものです。まわりの人たちが無理やり押しつけたり、変えたりできるものではありません。みんなとちがって数が少ないからといって「不自然」「異常」ではなく、みんなと同じで数が多いからといって「自然」「正常」ではないのです。

セクシュアリティは生まれつき？

セクシュアリティの研究は、人間という存在についての研究でもあります。セクシュアリティを理解するため、心理学、精神医学、社会学、哲学など、あらゆる分野で長いあいだ、さまざまな研究が行われてきました。

セクシュアリティが先天的（生まれつき決まっている）か後天的（環境によって決まる）かについては、さまざまな説がありますが、「先天的な要素が強いものの、後天的な要素も無視できない」というのが、現在の有力な説とされています。

同性を好きになるとは？

同性愛者にとって、同性を愛することは自然なことです。しかし、かつてはレズビアン、ゲイ、バイセクシュアルが、少数派として「異常」のレッテルをはられ、差別されてきました。近年は、その状況も変わりつつあります。

同性愛はセクシュアリティのひとつ

かつて、同性愛は「異常性欲」「性的倒錯」とされ、治療すべき精神疾患のひとつと考えられていました。しかし、1990年代に、ＷＨＯ（世界保健機関）が「同性愛はいかなる意味でも治療の対象とならない」と宣言。これにより、同性愛は病気ではなく、多様なセクシュアリティのひとつであることが認められました。

異性愛者が異性を好きになるように、同性愛者にとって同性を愛することは自然なことです。異性愛者を無理やり同性愛者や両性愛者にできないように、同性愛者や両性愛者であることは、他人が無理やり変えるべきものではありません。

差別やいじめに苦しむ同性愛者

同性愛者として恋をし、パートナーと出会い、幸せな人生を歩んでいる人は世界中にたくさんいます。異性愛者の性格や恋愛観、恋愛スタイルが一人ひとり異なるように、同性愛者にも人の数だけ恋愛のかたちがあります。

しかし、差別やいじめのため、異性愛者のふりをして生きる同性愛者も少なくありません。だれを好きになるかは他人が決めることではないのです。同性愛者を苦しめているのは、セクシュアリティではなく、人びとをとりまく社会なのです。

差別的な呼び方はやめよう

「オカマ」という言葉は、女性的な男性をさす差別的な言葉であるだけでなく、ゲイとトランスジェンダーを混同した、まちがった表現でもあります。同じく「レズ」「ホモ」も、差別的なニュアンスをもつ言葉です。

ＬＧＢＴの人が、差別的なニュアンスを逆手にとって、あえて自分のことを「オカマ」「ホモ」「レズ」などと呼ぶ場合もあります。しかし、自ら名乗るのと他人から呼ばれるのとでは、ニュアンスはまったくちがいます。相手の気持ちになって、人を傷つける言葉を使うのはやめましょう。

トランスジェンダーとは？

「からだの性」と「こころの性」が一致せず、違和感をもつ人のことを「トランスジェンダー」といいます。日本では「性同一性障害」という言葉だけがひとり歩きしていますが、トランスジェンダーに対する社会の理解は、まだまだ遅れています。

「トランス男性」と「トランス女性」

トランスジェンダーの中でも、生まれつきの「からだの性」が女性（Female）で、「こころの性」は男性（Male）という人を「トランス男性」または「ＦＴＭ」（Female to Male）といいます。反対に、生まれつきの「からだの性」が男性で、「こころの性」は女性という人を「トランス女性」または「ＭＴＦ」（Male to Female）といいます。

性別違和とトランスジェンダー

日本では「性同一性障害*」という言葉がよく知られていますが、「トランスジェンダー＝性同一性障害」ではありません。トランスジェンダーが抱く性別違和（自分の性別に対する違和感）には個人差があり、対処法もさまざまです。精神的な苦痛が非常に強く、「からだの性」とはちがう性別で生きるために医療行為を望む人については、医師によって「性同一性障害」と診断されます（➡48ページ）。しかし、すべてのトランスジェンダーが診断や治療を受けたり、それを望んだりしているわけではありません。

＊近年は、医師のあいだで「性別違和」という言葉が使われています。

トランスジェンダーの恋愛

また、トランスジェンダーと同性愛者を混同する人がいますが、「こころの性」と「好きになる性」は別のものです。トランスジェンダーの中には異性（トランスジェンダーの場合は「こころの性」から見た異性）を恋愛対象にする異性愛者のほか、同性（「こころの性」から見た同性）や、異性と同性の両方を恋愛対象にする人がいます。

トランスジェンダーと「女らしさ」「男らしさ」

トランスジェンダーの「表現する性」は、多くの場合、「こころの性」にもとづいています。たとえば、「こころの性」が女性なら、その人の「女らしさ」のイメージにそった服装や髪型、しぐさ、話し方をしたいと感じます。そこには、まわりから「女性」として見られたい、という気持ちもふくまれています。一方で、「女らしさ」や「男らしさ」にこだわらないトランスジェンダーもいます。

しかし、多くのトランスジェンダーにとっては、社会の差別や偏見にはばまれて、「こころの性」を表現したくてもできない、という現状があります。

Xジェンダー

自分の「からだの性」に違和感があるものの、それがちがう性別で生きたいということには結びつかない、と考えるトランスジェンダーもいます。トランスジェンダーの中でも、「こころの性」を男女のいずれか一方に決めていない人のことを、日本では「Xジェンダー」と呼び、「FTX」（Female to X gender）や「MTX」（Male to X gender）と表現することもあります。

LGBTに対する誤解

世の中には、LGBTについてまちがったイメージをもっている人が少なくありません。LGBTへの偏見や差別をなくすための第一歩は、正しい知識をもつことです。よくある誤解について、ひとつずつ見ていきましょう。

✕ ゲイは相手が男性ならだれでも好きになる？

異性愛者がすべての異性を好きになるわけではないのと同じで、好みのタイプも人によってちがいます。

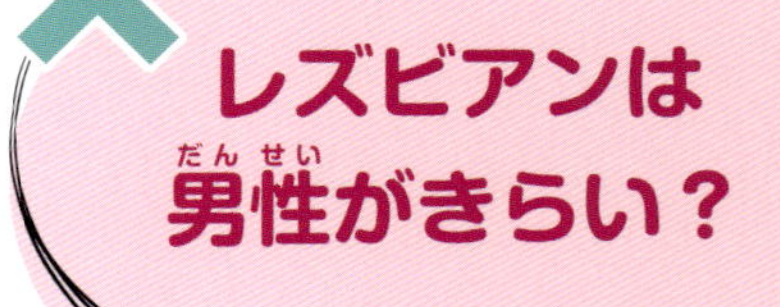

✕ レズビアンは男性がきらい？

親友

男性がきらいだからレズビアンになる、というのは誤解です。女性を愛することと男性をきらうことは、まったく別の話です。レズビアンの中には、男性の親友がいる人ももちろんいます。

バイセクシュアルは同時に複数の人とつきあう？

バイセクシュアルとは、同性も異性も恋愛対象にする人、または恋愛対象の性別にこだわらない人のことです。同性と異性を同時に好きになることや、だれかれかまわず好きになることではありません。ひとりをいちずに愛するバイセクシュアルもいれば、複数の人を同時に愛する異性愛者もいますし、その逆もいます。同じセクシュアリティでも、恋愛観や恋愛スタイルは人それぞれです。

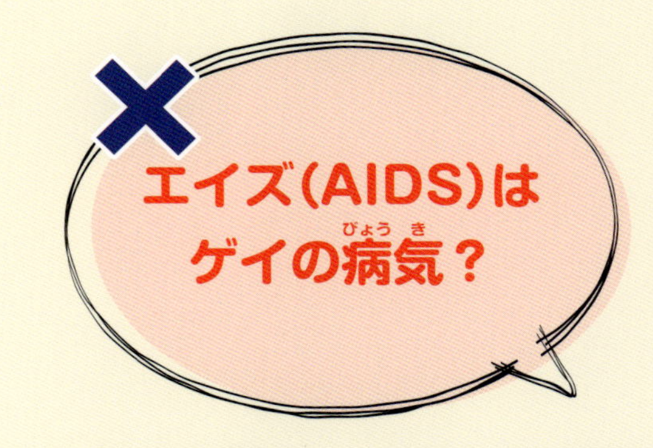

エイズ（AIDS）はゲイの病気？

エイズの要因となるＨＩＶ（ヒト免疫不全ウイルス）は男性同士だけでなく、異性間や女性同士のセックスでも感染します。コンドームなどを使うことで、感染の危険は大きく減らせます*。

＊ＨＩＶの感染経路はセックスだけではありません。輸血で感染したり、妊娠中や出産時、そして母乳を通じてお母さんから赤ちゃんに感染したりすることもあります。

テレビのバラエティ番組では、派手な化粧と女装、女性をまねたしゃべり方をする「オネエタレント」が人気です。そのせいか、ゲイやトランスジェンダーというと「オネエ」をイメージする人が多いようですが、これは大きな誤解です。

ほとんどのゲイやトランスジェンダーは見た目に特徴はありませんし、「オネエ言葉」も使いません。「オネエ」はテレビ向けの演出であり、タレントのジャンルのひとつと考えたほうがいいでしょう。

アメリカのテレビドラマや映画を観ていると、LGBTの人たちがよく登場します。これは、アメリカという国にさまざまな人種や民族、宗教を背景とする人びとが集まっていて、多様性を認める文化が作品づくりにも大きく影響しているためです。

LGBTは人種や民族、宗教にかかわらず、ほぼ一定の割合で存在すると考えられています。ただし、それがどのくらい「見える」存在なのかは、その社会によって異なります。「見えない」だけで、日本にもアメリカとほぼ同じくらいのLGBTがいると考えることもできます。

同性カップルには「男役」と「女役」があるの？

「男役」「女役」は、伝統的な異性カップルのイメージに同性カップルを当てはめようとする考え方です。

実際には、同性愛者といってもさまざまなタイプの人がいて、カップルのかたちもそれぞれちがいます。性格や好み、得意分野によって役割分担が決まるカップルもいれば、そうでないカップルもいます。同性カップルはすべてこうだ、とひとくくりにして決めつけることはできません。

LGBTはかなり増えている？

最近はテレビや新聞、書籍、インターネットなどのメディアで、LGBTがさかんに取り上げられるようになりました。その結果、それまで知らなかったLGBTという存在を意識するようになった人や、自分自身がLGBTではないかと気づく人も出てきています。

このため、LGBTが急に増えたように感じるかもしれませんが、実際は、「見えない」存在だったLGBTが、少しずつ「見える」存在へと変化しつつあるということです。

コラム

思春期の「クエスチョニング」

「ＬＧＢＴ」とともに、セクシュアル・マイノリティをあらわす言葉としてよく使われるのが「ＬＧＢＴＱ」です。「Ｑ」は英語で「模索中」を意味する「クエスチョニング」(Questioning)の頭文字で、自分の「こころの性」や「好きになる性」がはっきりしない、迷っている、または、決めない人をさしています*。

子どもの世界を卒業し、大人の世界へと足を踏み入れる思春期は、人生における「クエスチョニング」の時期ともいえます。思春期には、こころやからだと同じように、セクシュアリティも日々成長し、変化します。「自分のことがわからない」と頭を抱えることもあれば、「自分にはこんな部分があったのか」と新たな発見におどろくこともあるでしょう。

自分のセクシュアリティが何なのか、あせって答えを出したり、無理やりレッテルをはったりする必要はありません。自分らしく生きるためにも、じっくりとセクシュアリティについて考えていきましょう。自分探しの旅は、はじまったばかりです。

*「Ｑ」には、「クィア」(Queer)の意味もあります。クィアは「奇妙な」とか「変態」という意味の英語で、もともとは同性愛者などをさす差別的な言葉でした。しかし、1990年代から、世の中の価値観はひとつだけではないことを強調するために、ＬＧＢＴの人たちが前向きな意味で使うようになりました。

第 2 章

もしも自分や友だちがLGBTだったら？

自分はLGBTなの？

「もしかしてLGBT？」「自分はほかの人とちがうのでは？」と感じている人がいるかもしれません。LGBTに限らず、思春期には自分のセクシュアリティを強く意識するようになります。

LGBTだと自覚するまでの道のり

LGBTの人と「そうでない人」の境界線はあいまいで、はっきりと線が引かれているわけではありません。また、LGBTかどうかは、その人の感じ方によるので、その人自身が決めることです。

自分がLGBTだと自覚するまでには、いくつかの段階があります。多くの場合は「自分とほかの人はちがう気がする」という日常生活での違和感をおぼえることからはじまります。その感覚が積み重なり、さらにさまざまな経験をへて、「自分はLGBTかもしれない」と考えるようになるのです。この過程を、「アイデンティティーに目ざめる」といいます。

なお、自覚する時期や程度、自覚にいたるまでの期間、道のりは、人によってちがいます。

LGBTは思春期の一時的なもの？

自分はLGBTではないかと感じたあなたに、大人たちは「一時的なもの」「大人になったら変わるよ」というかもしれません。たしかに、同性に恋愛のような感情を抱いたり、自分のからだに違和感をもったりすることは、セクシュアリティがゆれ動く思春期には、めずらしくないことです。

しかし、こうした気持ちのすべてが一時的なものとは限りません。

また、今この瞬間にあなたが感じている気持ちを、「一時的なものだから」といって切りすてる理由はどこにもありません。

そもそも、LGBTであることは、変えなければならないことではありません。同性にひかれる自分、性別がよくわからない自分を否定せず、そのまま「自分らしさ」として受けとめましょう。それは、自分とほかの人とのちがいや、「その人らしさ」を尊重する気持ちへとつながっていくはずです。

友だちはひょっとしてLGBT？

友だちのことを「もしかしてLGBTかも？」と思っても、本人が話すまでは、たずねたり、決めつけたりしないようにしましょう。迷っているのかもしれませんし、いいたくないのかもしれません。友だち自身の考えを大切にすべきです。

LGBTかどうかは本人が決める

セクシュアリティは、まわりの人が勝手に推測したり判定したりするものではありません。本人が自分はLGBTである、と伝えることではじめて、その人はほかの人から「LGBT」と認識されます。

それまで秘密にしていた自分の「こころの性」（性自認）や「好きになる性」（性的指向）などのセクシュアリティについて、ほかの人に打ち明けることを「カミングアウト」といいます。

カミングアウトをするかどうかは本人の自由

カミングアウトをするかどうかは、100パーセント本人の自由です。また、いつ、だれに、どこまでカミングアウトをするのかといったことも、基本的には本人が自分で決めることです。

思春期になると、親にも友だちにもいわない、自分だけのこと（プライバシー）が少しずつ増えていきます。特にセクシュアリティに関することは、その人の存在自体にかかわる大切なものです。他人が興味本位に、「もしかしてゲイなの？」などと聞くことではありません。

「カミングアウト」という言葉

カミングアウトという言葉は、「coming out of the closet（クローゼットから外に出る）」という英語表現がもとになっています。

自分のセクシュアリティについてだれにも話さないこと、または話ができずにだまっていることを、クローゼットの中に人が閉じこもっている状態にたとえているのです。

もしも自分がLGBTだとわかったら❶

LGBTは自分だけじゃない！

思春期のLGBTは、まわりにLGBTの仲間がいない場合、孤独を感じがちです。しかし、同世代のLGBTの仲間や理解者は、世界中にたくさんいます。情報を集め、広く世界に目を向けてみましょう。

あなたはひとりではない

まわりにLGBTであることを公表している人がほとんどいない場合、思春期のLGBTの多くは、将来の明るいイメージが描きにくく、自分はこれからどうなっていくのか、という不安に苦しむことがあります。悩みを相談できる仲間がいないこともさびしく、つらいことです。

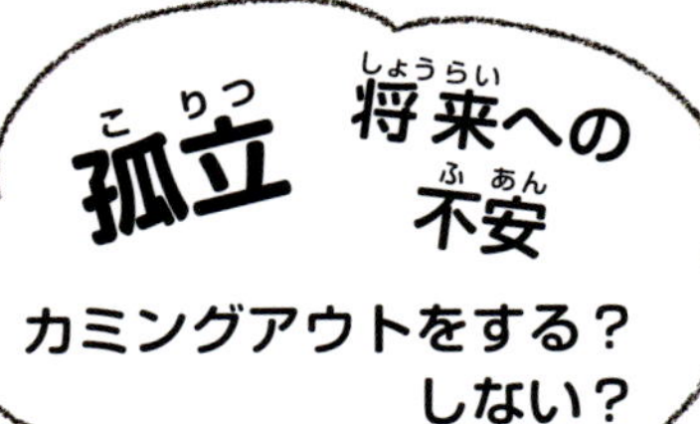

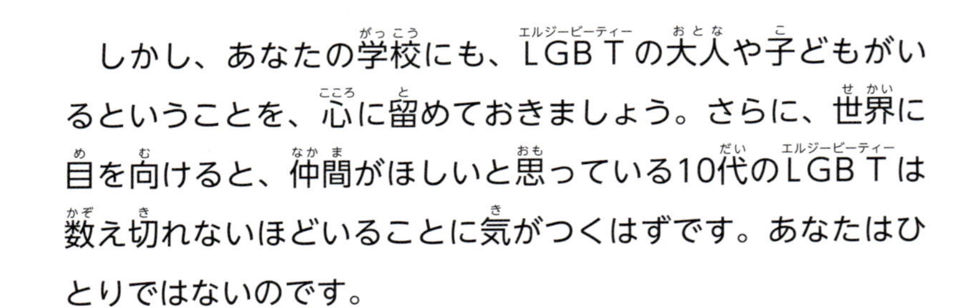

しかし、あなたの学校にも、LGBTの大人や子どもがいるということを、心に留めておきましょう。さらに、世界に目を向けると、仲間がほしいと思っている10代のLGBTは数え切れないほどいることに気がつくはずです。あなたはひとりではないのです。

情報集めと仲間づくり

まずは、学校や地元の図書館などで、LGBTに関する本(➡61ページ)を探して読んでみましょう。LGBTの先輩たちの体験談は、自分らしい生き方を考えるうえで大きなヒントになるはずです。また、インターネット上には、LGBTに関する相談窓口のほか、同じセクシュアリティの人や、その理解者たちが集うさまざまなコミュニティもあります。

「プライドパレード」(➡53ページ)のようなLGBTのイベントにお祭り気分で行ってみるのもいいでしょう。自分はひとりぼっちではないことが、きっと実感できます。最近は、10代向けのLGBTイベントも各地で開催されています。

「インターネットで情報集め」は危険!?

インターネットは便利ですが、使い方をまちがえると、とても危険なこともあります。あやまった情報やかたよった情報があること、知らない人から差別的な言葉をぶつけられる場合もあることなどは、最低限、知っておくべきでしょう。また、自分の個人情報(名前、住所、電話番号、学校名、顔写真など)は「プライバシー」といって、とても大切なものです。安易に公開することはやめましょう。

なお、仲間がほしいからといって、出会い系サイトにアクセスするのは危険ですので、絶対にやめましょう。性的な関係を強要されたり、脅迫を受けたりといったトラブルに巻き込まれることがあります。

もしも自分がLGBTだとわかったら❷

カミングアウトをする？ しない？

カミングアウトにはプラス面もマイナス面もあります。これは、カミングアウトを考えている人にぜひ知っておいてもらいたいことです。自分のセクシュアリティを自分自身が受け入れているのかどうかも、大切なポイントです。

カミングアウトのプラス面とマイナス面

カミングアウトは自分がおかれている状況をよりよいものにするために行います。しかし、カミングアウトによって、誤解や偏見を受けることもあります。プラス面とマイナス面の両方を考えたうえで、カミングアウトをするかどうかを決めましょう。

カミングアウト

プラス面

- 本当の自分を知ってもらうことで人間関係がより深まる
- うそをつかなくてもいいので、気持ちが楽になる
- トランスジェンダーの場合は、希望する性であつかわれるようになることもある
- 相談相手になってもらえる

マイナス面

- ×相手が理解してくれなかった場合、気まずくなったり、人間関係がこわれたりすることもある
- ×知られたくなかった人にまで、勝手にいいふらされるおそれがある
- ×偏見や無理解から、いじめや差別をする人に出会うことがある

カミングアウトの準備リスト

もし、「カミングアウトをしたい」と思ったら、以下のリストを参考に、準備をしてみましょう。自分の人生は、自分で決めるものです。自分で考え、計画し、実行して得られる経験は、あなたを成長させてくれるでしょう。

□ まず、自分へのカミングアウトはした？

自分で自分のセクシュアリティについて、一度、こころの中で言葉にしてみましょう。自分へのカミングアウトが第一段階で、人にカミングアウトをするのは次の段階です。

□ だれにカミングアウトをする？

あなたがカミングアウトをしたいと思う人が、カミングアウトの相手になります。ふだんの言動から、受け入れてくれそうな人、秘密を守れそうな人、信頼できる人を選びましょう。

□ 本当にカミングアウトをしたい？

カミングアウトをする人が立派なのではありません。カミングアウトをするかしないかは、人それぞれです。カミングアウトをする権利もあれば、カミングアウトをしない権利もあります。

□ 伝えたいことを整理している？

「何のために」（自分をいつわりたくないから？　自分のセクシュアリティを尊重してほしいから？）、「どうしてほしい」（気持ちを聞いてほしいだけ？　助けを必要としている？）をはっきりさせましょう。まずは、予行演習としてLGBTに関する相談窓口（➡60ページ）などで、自分の気持ちを整理してみるのもいいでしょう。

□ カミングアウトのあとにどうつきあう？

カミングアウトを受け入れてもらえなかったときのことも考えておきましょう。相手が気持ちを整理するためには、時間が必要かもしれません。何度も話し合うことで、少しずつ理解が深まることもあります。

もしも
友だちから
カミングアウト
をされたら❶

「ありのまま」を受け入れる

カミングアウトは、受ける側の責任も重大です。あなたがどのように接するかは、友だちはもちろん、あなた自身の生き方にも影響をあたえます。友だちの「ありのまま」を受け入れることは、多くの人の多様性を受け入れることでもあるのです。

カミングアウトの相手は友だちが多い

自分がLGBTであることを周囲の人たちに打ち明けるには、たいへんな勇気が必要です。カミングアウトの相手とは、自分のことを知ってほしい人、こころから信頼している人なのです。

10代のLGBTは、カミングアウトの相手として、先生や親ではなく、同級生のごく少数の友だちを選ぶことが多いようです。

カミングアウトを受けるときのこころがまえ

とつぜんカミングアウトをされたら、おどろくかもしれません。しかし、そこで気持ちを落ち着け、友だちのありのままを受けとめることが大事です。

相手の言葉にきちんと耳をかたむける

カミングアウトは、本人が感じていることを自分の言葉で伝えるものです。相手の不安や違和感を否定したり、セクシュアリティを勝手に決めつけたりしてはいけません。

どうしてほしいかを聞く

カミングアウトは、ただ気持ちを聞いてほしいだけのこともあれば、具体的な悩みがあって、助けを必要としている場合もあります。何か困っていることがないか、聞いてみましょう。

だれにカミングアウトをしているかを聞く

あなた以外のだれにカミングアウトをしているのか、そしてだれに知られたくないのかを確認してみましょう。家族や先生には絶対に知られたくないという人もいるためです。

レッテルをはらない

カミングアウトをされたからといって、友だちに「LGBT」というレッテルをはる必要はありません。LGBTであることは友だちの一部であって、すべてではありません。これまでどおりにつきあい、友だちが困ったときには、相談相手になりましょう。

話をしてくれたことに感謝する

勇気を出してカミングアウトをしてくれたこと、そして、その相手にあなたを選んでくれたことに「ありがとう」の気持ちを伝えましょう。

もしも友だちからカミングアウトをされたら❷

こんなことに注意しよう

自分のセクシュアリティをだれに伝えるかは、本人が決めることです。カミングアウトをされた内容を勝手にほかの人に伝えることは、信頼を裏切るだけでなく、自分のことは自分が決めるという権利をその人からうばうことでもあります。

信頼を裏切る行為「アウティング」

本人の了解なく、その人のセクシュアリティをほかの人に伝えることを「アウティング」といいます。アウティングは、勇気を出してカミングアウトをしてくれた友だちを傷つけ、信頼を裏切る行為で、絶対にしてはいけないことです。アウティングの結果、いじめにあったり、学校や家庭での居場所がなくなったりする人もいます。中には、自殺や自殺未遂に追い込まれる人もいます。

友だちからカミングアウトをされたものの、自分ひとりの力では解決できない問題があったり、荷が重すぎると感じたりしたときは、本名を明かさずに電話で悩みを話せるLGBTに関する相談窓口（➡60ページ）の利用を友だちに提案してみるのもいいでしょう。

また、わざとではなくても、カミングアウトをしていない人の前で、友だちのセクシュアリティに関する話題をうっかり出すことがないように注意してください。

同性から恋の告白を受けたら

同性から、友だちとしてではなく「恋愛対象」として、「あなたが好きだ」と告白されることがあるかもしれません。そんなときは、自分を好きになってくれたことに「ありがとう」の気持ちを伝え、告白してくれた相手の気持ちを尊重しましょう。

気をつけたいのは、「つきあってほしい」といわれて、断る際の伝え方です。相手のセクシュアリティを否定したり、人格を否定したりするようないい方をしてはいけません。「あなたを恋人として見ることができない」という事実を説明しましょう。

もちろん、アウティングは絶対にしてはいけませんが、自分自身が苦しい気持ちになったら、LGBTに関する相談窓口（➡60ページ）などに相談しましょう。

LGBTの悩み

世の中にはLGBTに対する偏見があふれています。そのような環境で育つ子どものこころの中にも、知らないうちに偏見の種がまかれています。自分自身がLGBTだと気づいたとき、こころの中に育った偏見のせいで苦しむ人もいます。

セクシュアリティは笑いのネタではない

「ホモ」「オカマ」「おんなおとこ」「おとこおんな」「オネエ」などのからかいの言葉は、たとえ悪気のない軽い冗談であっても、いわれた人やそれを聞いたLGBT本人のこころを深く傷つけます。そこには、LGBTは笑いものにしてもいい、という否定的なメッセージが込められているからです。

こうしたからかいが深刻ないじめに発展することもあります。また、いじめのターゲットになるのは、LGBT本人とは限りません。だれもがいじめのターゲットになり得ます。いじめられた側には、まったく何の悪い点も理由もないのです。

自分で自分を否定しない

わたしたちの多くは、ＬＧＢＴに対する否定的なメッセージをこころの中にとり込んで成長します。そして、自分自身がＬＧＢＴではないかと気づいたとき、まわりから影響を受けた否定的な感情に苦しめられることがあります。

ＬＧＢＴであることを受け入れられずに、好きでもない人とつきあったり、自暴自棄になって望まぬセックスをしたり、さびしさをまぎらわそうと出会い系サイトにアクセスしたりして、さらに傷つく人もいます。自分を否定するのではなく、受け入れ、大切にしましょう。

恋愛や性のトラブルに注意

ＬＧＢＴは恋愛や性的なトラブルに巻き込まれても、だれにも相談できずにひとりで抱え込んでしまうことが多く、トラブルが深刻化する場合もあります。

デートＤＶ（つきあっている相手からの身体的、性的、精神的な暴力）や、性的搾取（社会的に強い立場のものが、弱い立場のものを性的に利用して利益を得ること）は、同性のあいだでも起こることを知っておきましょう。

あなたのこころとからだは、ほかのだれのものでもなく、あなただけのものです。少しでもいやだ、こわいと感じることは、勇気を出してきっぱり拒否しましょう。「まわりにいいふらす」と脅迫されたときは、ひとりで悩まず、ＬＧＢＴに関する相談窓口（➡60ページ）などに助けを求めてください。

学校を「生きやすい場所」にするには

LGBTの子どもたちにとっては、毎日の学校生活での「当たり前のこと」が苦しさや生きづらさにつながることもあります。LGBTだけでなく、すべての子どもにとって学校を「生きやすい場所」にするためには、どうしたらいいのでしょうか。

LGBTの子どもたちと学校生活

トランスジェンダーの多くは、幼いころから自分の「からだの性」になんらかの違和感をもっています。思春期のおとずれに加え、いろいろなことが男女で区別される学校生活によって、この違和感はさらに強くなっていきます。

制服、トイレ、更衣室、体操着、水着、合宿や修学旅行での入浴など、学校生活における男女の区別は「からだの性」にもとづいています。「からだの性」と「こころの性」が一致しないトランスジェンダーにとって、自分が望む性別とは異なる性別にふりわけられること、健康診断や水泳の授業などでからだを見られることは苦痛をともないます。こうしたストレスが、不登校へとつながることもあります。

また、同性愛の子どもたちにとって、「異性を好きになるのが自然」と教えられることは、自分を否定されるようで、とても苦しいものです。

生きづらいのはLGBTの子どもたちだけじゃない

学校生活のさまざまな場面で苦痛を感じているのは、LGBTの子どもたちだけではありません。

たとえば男子トイレでも、「性器を見たり、見られたりするのがいや」「からかわれるので、個室が使えない」と使いづらさを感じている子どもがいます。水泳の授業や健康診断でからだを露出することに抵抗を感じる子どもの中には、からだに傷跡やあざなどがある人、肥満などのコンプレックスがある人もいます。

また、外見的な理由がなくても、人にからだを見られることは同性でも不安を感じるという子どももいるのです。

変わる学校

LGBTについて考えることは、多様性について考えることです。これは、すべての子どもにとって学校を「生きやすい場所」へと変えていくことにもつながります。

最近では、女子の制服をスカートやズボンから選べるようにする、性別に関係なくだれでも使えるトイレを設置する、といった見直しを行う学校も増えています。また、2015年には、文部科学省がLGBTの児童や生徒に配慮するよう、学校に通知を出しています（➡54ページ）。学校の先生たちもLGBTを理解しようと勉強中です。

少しずつですが、学校を取り巻く状況は変わりつつあります。

コラム　親へのカミングアウト

LGBTにとって、親はカミングアウトの相手としては、最大の難関かもしれません。

もっとも身近な存在である親に、自分の本来の姿を知ってもらいたい、味方になってもらいたい、と思うのはとても自然なことです。

しかし、受け入れてもらえなかった場合は、身近な存在であるだけに、その関係はたいへん気まずいものになります。親との本来の居心地のいい関係をたもつためには、カミングアウトをするまでに長い時間がかかることもあります。

また、親がLGBTについて正確な知識をもっていない場合は、理解してもらえるまでに、さらに何年もの長い年月がかかることがあるものです。あなたが親から自立できる年齢になるまで、カミングアウトを待ったほうがいいこともあります。

親にカミングアウトをするかどうかは、LGBTに対する親の日ごろの言動や、あなたと親のふだんの関係なども頭に入れながら考えましょう。

第3章

LGBTに対する日本の取り組み・世界の取り組み

日本には、LGBTのためにどんな法律や制度があるの？

日本は、LGBTを不当にあつかう法律の存在しない国といえます。しかし、LGBTの権利を保障する法律や制度がととのっているとはいえません。具体的に、どんな法律や制度があり、どんな問題点があるのでしょうか？

性同一性障害特例法とは？

日本では、原則として、生まれたときに役所へ届け出て戸籍に登録された性別を変えることができません。運転免許証やパスポートなどにも戸籍上の性別（からだの性）が書かれています。しかし、髪型や服装などを「こころの性」に近づけているトランスジェンダーの中には、空港や病院などの公共の場で戸籍上の性別であつかわれることに、いやな思いをする人もいます。

そこで、2004年に「性同一性障害者の性別の取扱いの特例に関する法律」（性同一性障害特例法）が施行されました。これは、戸籍に書かれている性別を、「こころの性」と同じ性別に変えることを認める法律です。

戸籍の性別を変える要件

性同一性障害特例法があるからといって、だれでも自由に戸籍の性別を変えることができるわけではありません。性別を変更するには、次のような要件を満たしたうえで、家庭裁判所の審判を受ける必要があります。特に、手術によって「からだの性」を変える必要があるため、からだを傷つけたくない人にとっては、ハードルが高いと感じられるでしょう。

性同一性障害特例法を適用して性別を変えるための要件

- 20歳以上であること
- 現在、婚姻(役所に婚姻届を出して、結婚すること)をしていないこと
- 現在、未成年の子どもがいないこと
- 生殖腺(卵巣や精巣)がないこと、または生殖腺の機能を永続的に欠く状態であること
- 望んでいる性の性器に近い外観をそなえていること(性別再指定手術➡49ページ)
- 性同一性障害についての知識や診断経験のある医師2人以上から、「性同一性障害」と診断されていること(➡48ページ)

法律の問題点

現在の日本には、性同一性障害特例法以外で、LGBTの権利と直接、関係する法律がありません。

たとえば、日本には同性同士の婚姻を認める法律はありません(➡46ページ)。また、刑法の強姦罪*は男性が加害者で女性が被害者の場合でないと適用されないほか、パートナーからの暴力に対して保護を受けるための「配偶者からの暴力の防止及び被害者の保護等に関する法律」(DV防止法)も婚姻関係がないと適用されにくい状況です。

なお、2017年7月、強姦罪を「強制性交等罪」に変更し、女性から男性に対して、あるいは同性間にも適用できるように改正された刑法が施行されました。

*強姦罪：暴力をふるったり、おどしたりして、無理やりセックスをする犯罪。

同性カップルと結婚

日本国憲法第24条1項には、「婚姻は、両性の合意のみに基いて成立し、夫婦が同等の権利を有する」とあります。また、夫婦や家族について定めた民法や戸籍法の規定にも、「夫婦」や「夫」「妻」という言葉が出てきます。ここでの「両性」や「夫婦」は、「男性と女性」と考えられてきました。

つまり、現在の日本には異性の結婚を想定した法律しかなく、同性カップルは、まだ法律上の夫婦になることはできません。

法律上の夫婦になれないと、健康保険や税金、遺産相続などで不利なあつかいを受けるので、同性カップルの中には養子縁組*をして、法律上の家族になろうとする人もいます。

*養子縁組：血のつながっていない人同士が、一定の手続きをすることで法律上の親子となること。

同性カップルにとって困難なことの例

- 財産の法的な相続権がない（遺言書で相続させることは可能）
- 配偶者控除など、税金の控除*が受けられない
- 健康保険の被扶養者になれない（別々に保険に加入しないといけない）
- カップル名義で家や土地、自動車などを購入できない場合が多い（どちらかの名義でないとローンが組めない）
- 家族向けの公営住宅（市営住宅、都営住宅など）に入居できない（認める自治体もある）
- どちらかを受取人とする生命保険に加入できない（認める保険会社もある）
- どちらかが病院に入院したとき、面会ができないこともある（認める病院もある）

*控除：決められた条件を満たした場合に、支払う税金の額を値引くこと。

同性カップルの権利を守る条例

日本では、国として同性婚を認めるところまでは進んでいませんが、地方自治体の中には対応をはじめたところもあります。

2017年6月現在、日本では6つの自治体で、届け出た同性カップルに、「パートナーシップ証明書」などを発行し、同性カップルを法律上の夫婦に相当する関係として認める制度を導入しています。

この制度には強制力がなく、法律上の婚姻とまったく同じ権利が手に入れられるわけではありませんが、自治体が同性カップルの存在を受け入れることで、同性カップルが少しでも暮らしやすくなり、住民の理解も広がっていくことが期待されています。

同性カップルに関する制度をもつ自治体

条例を制定し、「パートナーシップ証明書」を発行し、住民や事業者に対し協力への「努力義務」を課す自治体

東京都渋谷区(2015年より)

「パートナーシップ宣誓書受領証」の発行を開始した自治体(条例ではない)

東京都世田谷区(2015年より)
兵庫県宝塚市、三重県伊賀市、沖縄県那覇市(2016年より)
北海道札幌市(2017年6月より)

LGBTのための法律をつくる動き

現在でも、日本にはLGB T に対する偏見や差別があります。そこで、国会議員や政党などのあいだで、LGB T にとって困難な状況を改善するための法律を制定しようという動きが起こっています(2017年7月現在は未制定)。

具体的には、行政機関や事業者が差別的な取りあつかいをすることを禁止し、職場でのハラスメント(いやがらせ)や学校でのいじめなどを防止するための取り組みをすることなどが検討されています。

性別違和に関する医療面での取り組みは？

トランスジェンダーの中でも、「からだの性」への違和感に苦しみ、「こころの性」で生きることを強く望む人は、医師からの「性同一性障害」の診断をもとに、治療を受けることができます。

性別違和の治療を受けたい人は

日本では現在、2人の精神科医から「性同一性障害」であるという診断を受ければ、からだの外見や機能などを「こころの性」の性別へと近づける治療を選ぶことができます。

ただし、治療によってからだの外見が変わると、もとのからだに戻ることは難しいとされています。

また、副作用の可能性も無視できません。こうしたことから、診断と治療は慎重に行われます。

「からだの性」を「こころの性」に合わせる治療

性別違和（性同一性障害）*の治療にあたっては、まず、精神科で「性同一性障害」の診断とカウンセリングなどの精神療法を受けなければなりません。そのあとで本人が希望すれば、ホルモン療法や手術療法など、見た目の性別を変える治療へと進みます。

ホルモン療法や手術療法には年齢制限があり、未成年の場合は保護者の同意が必要となります。また、健康保険が適用されないため、高額な治療費がかかります。

*近年は、医師のあいだで「性別違和」という言葉が使われています。

ホルモン療法

人間のからだからは、男女のからだのちがいなどに影響をあたえる男性ホルモン、女性ホルモンと呼ばれる物質が出ています。ホルモン療法は、「こころの性」の性別のホルモンを、定期的にからだに入れる治療法です。

トランス男性（「からだの性」が女性で「こころの性」が男性）が男性ホルモンを受けると、声が低くなる、ひげや体毛が濃くなるといった変化があらわれ、トランス女性（「からだの性」が男性で「こころの性」が女性）が女性ホルモンを受けると、乳房がふくらむ、脂肪がついてからだが丸みをおびる、体毛がうすくなるといった変化があらわれます（変化には個人差があります）。

治療は原則として18歳以上ですが、条件つきで15歳から治療をはじめることもできます*。

＊15歳以下でも、思春期前期の子どもを対象に第二次性徴をおさえるホルモン療法が行われることがあります。

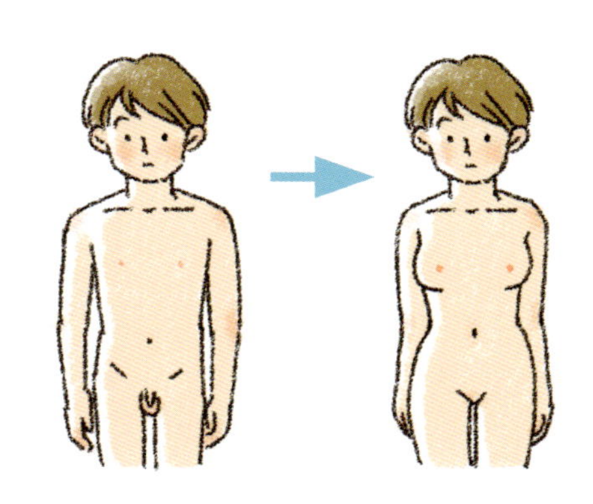

手術療法

手術によってからだの外見を変える治療法です。性器への手術は「性別再指定手術*」と呼ばれ、トランス男性、トランス女性ともに20歳から、トランス男性を対象にした乳房を切除する手術は18歳から可能になります。

＊性同一性障害学会などは、「性別適合手術」と呼んでいます。

必ずしもからだを変える必要はない

すべてのトランスジェンダーが、性別違和の治療を必要としているわけではありません。服装や髪型を変えたり、周囲から自分の望む性別であつかわれたりすることによって、違和感による苦しみがかなり軽くなる人もいます。

※治療に関するデータは、2017年5月現在のものです。

日本の社会では、どんな取り組みをしているの？

法律や制度の面では未整備な部分も多い日本ですが、企業やNPO法人（特定非営利活動法人）などの民間団体をはじめ、一部の自治体や省庁では、LGBTの権利を守る取り組みがはじまっています。どのような取り組みがあるのでしょうか。

企業の取り組み

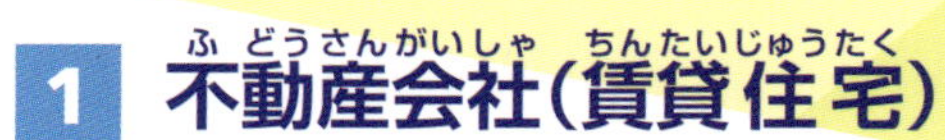

1 不動産会社（賃貸住宅）

賃貸住宅を借りたいとき、大家さんによっては同性カップルやLGBTに部屋を貸すことをいやがる人もいます。しかし、最近はLGBTでも借りられる物件を集めた不動産会社もあります。

2 生命保険会社

生命保険に加入するときは、加入者が死亡した際の死亡保険金の受取人を指定する必要があります。これまで、配偶者や子ども、親、祖父母、孫などの家族しか指定できなかった受取人を、条件つきで同性カップルのパートナーに認める保険会社が増えています。

3 携帯電話会社の家族割

家族で同じ携帯電話会社にした場合、基本料金や通話料などを割り引くサービスについて、同性カップル同士でも「パートナーシップ証明書」（➡46ページ）があれば加入できる会社があります。また、条件つきで証明書類が不要な会社もあります。

省庁の取り組み

1 文部科学省

2015年に、文部科学省は全国の小中高校などに、「性同一性障害に係る児童生徒に対するきめ細かな対応の実施等について」という通知を出しました（➡54ページ）。その翌年には、通知に対する教師や職員などからの質問に答えるかたちで、どのように対応すればよいかを記したパンフレットを作成しています。

2 厚生労働省

厚生労働省では、職場でのセクシュアルハラスメント（性的いやがらせ）を防止するために、企業向けの「セクハラ指針」を公表しています。2017年には、指針の中に、ＬＧＢＴに対する差別的な言葉や行動もセクシュアルハラスメントにあたると明記しました。

3 法務省

法務省では、ＬＧＢＴへの偏見や差別をなくそうと、冊子の配布や動画の配信、シンポジウムや公務員向けの研修会の開催などを行っています。

4 クレジットカード、マイレージカード

買い物の支払いに使うクレジットカードは、申し込んだ本人以外に、家族用のカードも発行できるようになっています。一部のクレジットカード会社では、同性カップルでも、条件つきで家族用のカードを発行しています。

5 雇用制度や職場づくり

2016年に924の企業の人事担当者に行ったアンケートによると、38.8パーセントの企業がＬＧＢＴに関する取り組みをしていると回答し、20.5パーセントが今後取り組みをしたいと回答しています*。具体的な取り組みには、「ハラスメント（いやがらせ）対策」「社員の意識改革」「結婚や育児休暇などの人事制度」などの回答がありました。

また、新入社員を採用する際、いかなるセクシュアリティも差別しないとする企業も増えています。

* マンパワーグループ調べ。

自治体の取り組み

QWRCが提供する交流スペース

(写真提供：QWRC)

1 LGBT支援

大阪市淀川区では、NPO法人QWRCなどと共同でLGBTの支援を行っています。電話相談窓口を設置したり、交流スペースを提供したりするほか、区の全職員に研修をして、LGBTへの理解を深めています。

交流スペースは、LGBTの人などが月に数回集まって、悩みを打ち明けたり、おしゃべりをしたりするなど、自由にすごせる場所です。東京都渋谷区や神奈川県横浜市なども、同様のスペースを提供しています。

2 LGBTにやさしい町づくり

東京都では、2020年の東京オリンピック・パラリンピックに向けて、一部会場に「男女共用トイレ」を設置することにしています。このようなトイレは「ジェンダーフリートイレ」とも呼ばれ、性別に関係なく利用することができます。

また、2016年、岐阜県関市がLGBTにやさしい町づくりをめざす「LGBTフレンドリー宣言」を行いました。今後もこのような自治体が増えていくでしょう。

羽田空港の乗客用ラウンジにあるジェンダーフリートイレ。案内板を男女で色分けしていない(写真提供：ANA)

男性カップルが里親に

両親などの保護者がいない子どもや、虐待を受けるなどして家庭にいられなくなった子どもを、別の家庭がかわりに引き取って育てる制度を「里親制度」といいます。里親になるためには、経済的に貧しくない、里親になるための研修を受けるなどの条件がありますが、同性カップルでも里親になることができます。

2016年、大阪市で男性同士のカップルが里親として認定されました。これは日本ではじめてのケースで、今後、ほかの自治体にも広がっていくと期待されています。

NPO法人などの取り組み

広がる支援の輪

NPO法人とは、利益を求めずにさまざまな社会貢献活動を行う民間の団体（法人）のうち、特定非営利活動促進法という法律にもとづいて活動するものです。現在、日本では数多くのNPO法人がLGBTの人たちを支援する活動を行っています。悩みをもつ人たちからの相談の受け付け、学校などで性の多様性を教えるセミナーや教材づくり、LGBTの就職支援など、団体によって活動内容もさまざまです。

プライドパレード

LGBTの権利を訴え、差別のない社会をめざすために開かれるパレードやイベントは、「プライドパレード」や「レインボーパレード」などと呼ばれています。1970年にアメリカではじまったとされるパレードは、欧米を中心に広がり、近年は日本各地でも行われています。

東京・渋谷で行われた「東京レインボープライド」（写真提供：TRP2017）

緊急連絡先カードって何？

NPO法人QWRCでは、多様なセクシュアリティの人向けに「緊急連絡先カード」を配布しています。カードにパートナーの連絡先を書いて、つねにもっておくことで、同性カップルのどちらかが事故や災害、病気などで病院に運ばれたとき、パートナーにも連絡してもらえるように意思表示するものです。本来、病院側は、法律的には他人であるパートナーに連絡する義務はありませんが、このカードで意思表示しておけば、病院もその意思を尊重しやすくなるでしょう。

緊急時連絡先

私が事件や事故、その他のトラブルに遭遇し、家族への連絡が必要な場合には、裏面の人に連絡してください。また、この人の面会も望みます。

自署

緊急連絡先カード
（写真提供：QWRC）

学校での取り組みを見てみよう

LGBTの児童・生徒への支援や配慮を求める通知が文部科学省から出されるなど、多様性を尊重する動きが学校でも見られるようになりました。みんなにとって学校を「生きやすい」場所にするための国内外の取り組みを見てみましょう。

文部科学省の通知

文部科学省は「性同一性障害に係る児童生徒に対するきめ細かな対応の実施等について」という通知を出しました。この通知では、トランスジェンダー＊1の子どもについて、服装や髪型、更衣室、トイレなど、一人ひとりの状況に応じて取り組む必要があり、性同一性障害の診断がなくても学校における支援は可能としています。

また、LGBT＊2の子ども全体への対応についても触れています。教職員に対しては、いじめや差別を許さないこと、悩みや不安を抱える児童・生徒の理解者となるよう努めること、カミングアウトができない児童・生徒がいることに配慮して相談しやすい雰囲気づくりをすることなどを求めています。

＊1 通知では「性同一性障害」と表記されています。

＊2 通知では「性的マイノリティ」と表記されています。

トランスジェンダーの子どもへの対応例

項目	学校における支援の事例
服装	自認する性別の制服・衣服や、体操着の着用を認める。
髪型	標準より長い髪型を一定の範囲で認める（戸籍上男性）。
更衣室	保健室・多目的トイレなどの利用を認める。
トイレ	職員トイレや多目的トイレの利用を認める。
呼称の工夫	・校内文書（通知表をふくむ）を児童・生徒が希望する呼び名で記す。 ・自認する性別として名簿上あつかう。
授業	体育または保健体育において別メニューを設定する。
水泳	・上半身がかくれる水着の着用を認める（戸籍上男性）。 ・補習として別日に実施、またはレポート提出で代わりとする。
運動部の活動	自認する性別に係る活動への参加を認める。
修学旅行など	ひとり部屋の使用を認める。入浴時間をずらす。

（文部科学省「性同一性障害に係る児童生徒に対するきめ細かな対応の実施等について」より作成）

性別に関係なく制服を選べる学校（ニュージーランド）

ニュージーランドのダニーデンという街にある中学校では、制服を男女で分けることをやめ、５種類の制服（半ズボン、長ズボン、キュロットスカート、スカート、スポーツ用のショートパンツ）から、性別に関係なく生徒たちが好きなものを選んで着ることができるようになりました。

たとえば、スカートをはくことに抵抗がある女子生徒には、ズボンやキュロットスカートという選択もあります。ふだんはスカートをはいている女子生徒でも、寒い日だけ長ズボンをはく、という選択もできます。もちろん、男子生徒もスカートをはいて通学することができます。

この取り組みは、「なぜ、わたしたちはスカートをはかなければならないの？」という女子生徒からの疑問の声をきっかけに生まれました。制服による「男らしさ」「女らしさ」の決めつけを取り払おうとする取り組みは、多様性というものを理解するひとつのきっかけになるかもしれません。

LGBTを受け入れる女子大学

女子大学は、女性を対象に教育を行う大学のことで、入学できるのは戸籍上の女性であることが前提です。しかし近年、トランス女性も入学できるようにする動きがあります。アメリカでは、すでにいくつかの女子大学でトランス女性を受け入れているところがあり、日本でもいくつかの大学で検討が進められています。

世界のLGBTにまつわる現状を見てみよう

世界の多くの国々に、同性婚やパートナーシップに関する法律があります。こうした法律のない国はＧ７（先進国首脳会議参加７カ国）の中で、日本だけです。その一方で、同性愛自体に罰則をもうけている国もあります。

同性カップルを承認している国・地域

世界中のＬＧＢＴに関する団体が参加する国際的な協会であるＩＬＧＡ (International Lesbian, Gay, Bisexual, Trans and Intersex Association) の調査では、2015年５月現在、世界で34カ国と65の地域が同性カップルを承認しています。その中には、アメリカの37の州や、アルゼンチン、カナダ、スウェーデンなどのように、同性カップルの婚姻を認める国もあります。

また、同性カップルが他人の子どもを養子縁組して、育てることを認めている国もあります。

同性愛に関する世界の法律の現状（2015年5月現在）

最新のデータはILGAのホームページ(英語)を参照。http://ilga.org/

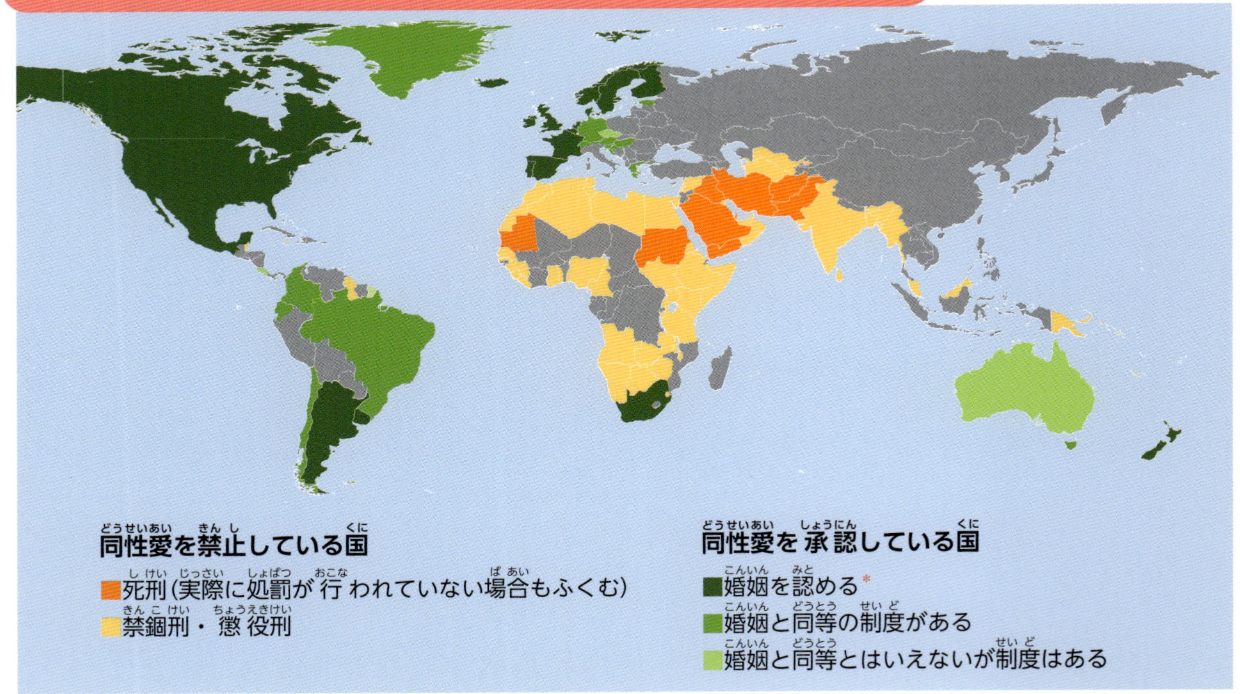

＊ひとつの国の中で半数以上の地域が婚姻を認めている場合をふくむ。　（ILGAの資料を一部改変）

LGBTへの差別を禁止しようとする動き

ＩＬＧＡの調査（2015年）では、世界の69カ国と85の地域で、性的指向を理由とした差別を禁止する法律があります。また、2011年には、国際連合の人権理事会が、性的指向や性自認を理由に人びとが受けている暴力行為や差別に、重大な懸念を示す決議を採択しています。

同性愛を認める国がある一方で、犯罪とみなして認めない国もあります。

ＩＬＧＡの調査（2015年）では、世界の６カ国と、ナイジェリア、ソマリアの一部で同性愛を禁じており、違反すれば最高で死刑を科しているほか、禁錮刑*を科すところも75カ国と５つの地域におよんでいます。法律はあっても、実際には処罰していないところもあります。

また、2013年にロシアでは、「同性愛と異性愛は社会的に同等」などの表現を未成年者に広めることを禁止した「同性愛プロパガンダ禁止法」を制定し、公の場でＬＧＢＴの集会などが開けなくなるといった事態も起こっています。

フランスのロシア大使館前で行われた、同性愛を認めないロシアのプーチン大統領に抗議するデモ（写真提供：AFP＝時事）

2014年、反同性愛法案（のちに無効となる）に署名するウガンダのムセベニ大統領（当時）（写真提供：AFP＝時事）

*禁錮刑：法律で定められた刑罰のひとつで、定められた期間、刑務所に入るが、懲役刑とちがって労働は科されない。

むかしは欧米でも同性愛禁止だった

いまは同性婚を認めるアメリカやヨーロッパの国々ですが、むかしは同性愛をふくめた「自然に反する」性行為を禁じる法律（ソドミー法）がありました。欧米では、1990年代までに、多くの国でこの法律はなくなりましたが、アメリカの一部の州では、2003年ごろまで存在していました。日本でも、明治時代に約９年間だけ、「鶏姦罪」という男性同士の性行為を禁じる規定がありましたが、その後、この規定はなくなりました。

世界では、どんな取り組みをしているの？

欧米には、かつてLGBTを差別していた国が多かったのですが、いまではLGBTの権利を守る取り組みが行われています。LGBTに関する法律のない国が多いアジアでも、近年さまざまな動きが起こってきています。

アメリカ

アメリカでは、2015年に、連邦最高裁判所が同性婚を憲法上の権利として認める判決を出し、事実上、アメリカ全土で同性婚が合法となりました。

2015年の連邦最高裁判所の判決を受けて、レインボーカラーにライトアップされたホワイトハウス(写真提供：Capital Pictures／amanaimages)

学校教育の面では、ニューヨーク市に、学校でいじめを受けたり、親から縁を切られたりしたLGBTの子どもたちが通う学校「ハーヴェイ・ミルク・ハイスクール」があります。また、多くの高校には、「ゲイ・ストレート・アライアンス」(GSA)という、LGBTの生徒やLGBTに理解のある生徒が運営するグループがあり、差別をなくすための活動をしています。

カミングアウトデー(10月11日)

1987年10月11日、ワシントンD.C.で開かれたゲイやレズビアンの集会「ワシントンマーチ」をきっかけに、多くのLGBTの団体が生まれました。この日を記念して、アメリカでは毎年10月11日を「カミングアウトデー」とし、LGBTに関する集会やパレードが各地で行われます。この日に、家族や職場でカミングアウトをするLGBTの人もたくさんいます。

ヨーロッパ

ヨーロッパには、同性婚を認める国がたくさんあります。その中でも、オランダは2001年に同性婚を認める法律を、デンマークは1989年に同性パートナーシップ制度を、世界ではじめてつくった国です。

アジア

2017年５月現在、日本をふくむアジアの国や地域には、同性婚を認める法律や制度がありません。しかし、台湾では、アジアではじめて、同性婚を認めるように法律を変えようという動きが起こっています。2017年５月には、台湾で法律が憲法に違反していないかを判断する裁判所が、同性婚を認めていない現在の法律を憲法違反とし、２年以内に法律を改正するよう求めました。今後、同性婚を認める法律ができる可能性があります。

裁判所の決定によろこぶ台湾の人びと（写真提供：AFP＝時事）

国際反ホモフォビア・反トランスフォビアの日（5月17日）

ＬＧＢＴに否定的・差別的な見方をすることを「ホモフォビア」や「トランスフォビア」といいます。同性愛者であるフランスの大学講師ルイ=ジョルズ・タンの呼びかけではじまったのが、ＬＧＢＴへの差別などをなくすことを目的とする「国際反ホモフォビア・反トランスフォビアの日」です。2006年に欧州議会で承認されたこの記念日は、いまでは世界中に広まり、毎年５月17日には各地で集会やデモが行われます。

ＬＧＢＴ活動のシンボル、レインボーカラー

複数の色で構成されたレインボー（虹）は、セクシュアリティの多様性をあらわすシンボルとして、世界中でＬＧＢＴの活動に使われています。ＬＧＢＴの権利やプライドを示すプライドパレード（➡53ページ）などのイベントでは、町が「レインボーフラッグ」（虹色の旗）にいろどられ、レインボーカラーを身につけた参加者たちであふれています。

レインボーカラーはＬＧＢＴの当事者だけのものではありません。ＬＧＢＴに理解を示す人や、応援している人たち（「Ally」といいます）のシンボルとしても使われています。

どこへ相談すればいいの？

自分のセクシュアリティについての不安や悩みを、だれかに聞いてほしいという人のための電話相談の窓口を紹介します。名前をはじめ、自分が話したくないと思うことは話さなくてもかまいません。また、自分がＬＧＢＴでなくても相談にのってくれます。

AGP（同性愛者医療・福祉・教育・カウンセリング専門家会議）

こころの相談　☎050-5539-0246
（毎週火曜の午後８時～午後10時）

心理、医療、福祉、教育関係の職業についている人や、そのような職業をめざす学生などでつくる支援団体。メンバーの医師、カウンセラーが相談にのってくれる。

http://www.agp-online.jp/

一般社団法人社会的包摂サポートセンター

よりそいホットライン　☎0120-279-338
（年中無休・24時間通話可能）

音声ガイダンスのあとに「4」を押すと、「性別や同性愛などに関わる相談」につながる。全国どこからでもかけられ、携帯電話、ＰＨＳ、公衆電話からも無料で通話できる。

http://279338.jp/yorisoi/

NPO法人SHIP

SHIPほっとライン　☎045-548-3980
（毎週木曜の午後７時～午後９時）

ＬＧＢＴの人たちが自分らしく心身ともに健康でいられるために、サポートを行っている団体。本人だけでなく、友だちや家族など、まわりの人も相談できる。

http://www2.ship-web.com/

NPO法人レインボーコミュニティ coLLabo

coLLabo LINE（コラボライン）　☎03-6322-5145
（毎月第１土曜の午後12時30分～午後３時）

レズビアンの相談員が、レズビアンやセクシュアル・マイノリティの女性、そのまわりの人たちの相談にのってくれる。

http://www.co-llabo.jp/

NPO法人アカー（動くゲイとレズビアンの会）

ヘルプ・ライン・サービス　☎03-3380-2269
（祝日をのぞく毎週火、水、木曜の午後８時～午後10時）

レズビアンやゲイのグループ。研修を受けた専門スタッフが相談にのってくれる。おもな相談内容は、ＬＧＢＴからの悩みや、エイズをはじめとする性感染症の不安など。

http://www.occur.or.jp/

NPO法人QWRC

QWRC電話相談　☎06-6585-0751
（毎月第１月曜の午後７時30分～午後10時30分）

ＬＧＢＴのための活動を行う大阪の団体。本人や家族、友だちからの相談にのっている。おもな相談内容は、恋愛、セックス、性感染症、家族や友だち・恋人との関係、学校生活など。

https://qwrc.jimdo.com/

※そのほかにも、全国で、ＬＧＢＴに関する相談窓口を設置する動きが広がっています。

※このページに掲載されている情報は、2017年５月現在のものです。

LGBTについてもっと知りたい人へ

自分がＬＧＢＴだと思う人、もしかしたらＬＧＢＴかもしれないと思う人、ＬＧＢＴの友だちがいる人、ＬＧＢＴについてもっと知りたい人、応援したいという人へ、ＬＧＢＴに関するさまざまなジャンルの本を紹介します。

『ダブルハッピネス』
杉山文野・著（講談社、2006年）
「女体の着ぐるみ」を身につけて生まれてきた、というトランス男性の著者が、子ども時代から現在までを振り返り、友だちや家族、恋、セックスなどについて語った青春自伝エッセイ。

『ふたりのママから、きみたちへ』
東小雪、増原裕子・著（イースト・プレス、2014年）
のちに、渋谷区の「パートナーシップ証明書」第1号にもなったレズビアンのカップルである著者が、未来の子どもに向けて書いたメッセージ。「家族のかたち」について考えさせられる1冊。

『カミングアウト・レターズ』
RYOJI、砂川秀樹・編（太郎次郎社エディタス、2007年）
レズビアンやゲイとその親、または教師とのカミングアウトをめぐる手紙のやり取り。カミングアウトをする側・される側それぞれのこころの動きを描く。

『思春期サバイバル』『思春期サバイバル2(Q&A編)』
ここから探検隊・制作（はるか書房、2013年・2016年）
悩みの多い思春期を楽しく自分らしく「サバイバル」するためにはどうしたらいいのかを、友だち同士のおしゃべり感覚で考えた本。セクシュアリティの悩みもたくさん取り上げている。

『一人ひとりの性を大切にして生きる』
針間克己・著（少年写真新聞社、2003年）
性同一性障害学会の会長をつとめる著者による、インターセックス、性同一性障害、同性愛、性暴力などについて述べた本。

『レッド　あかくてあおいクレヨンのはなし』
マイケル・ホール・著／上田勢子・訳（子どもの未来社、2017年）
赤いラベルをはられているけど、赤い色をぬることができないクレヨンの「レッド」が、自分の本当の色に気づく物語。個性や多様性をクレヨンの色で表現し、「ありのまま」を受け入れることの大切さを教えてくれる絵本。

『ぼくたちのリアル』
戸森しるこ・著／佐藤真紀子・絵（講談社、2016年）
人気者の璃在と幼なじみのぼく、そして璃在を好きになる風変わりな転校生。同性愛、家族の死、出会いと別れといったテーマをおりまぜながら、多感な小学5年生の姿をみずみずしく描いた物語。

『にじ色の本棚　ＬＧＢＴブックガイド』
原ミナ汰、土肥いつき・編著（三一書房、2016年）
ＬＧＢＴに関連した、さまざまなジャンルの本を紹介したブックガイド。ＬＧＢＴについてもっと広く深く知りたい人や、本好きの人におすすめ。小説やコミック、映画も多く紹介している。

さくいん

あ行

か行

さ行

た行

な・は行

ま行

ら行・わ

監修者紹介

藤井ひろみ（ふじい・ひろみ）

神戸市看護大学准教授。1999年に助産師登録、神戸市看護大学大学院看護学研究科修了（看護学博士）を経て現職。専門は助産学、看護学、女性学、クィア・スタディーズ。
おもな著書に、『学校・病院で必ず役立つ LGBTサポートブック』（共編著、保育社）、『フォレンジック看護 性暴力被害者支援の基本から実践まで』（執筆、医歯薬出版）、『パートナーシップ・生活と制度』（執筆、緑風出版）、『からだ・私たち自身』（執筆、松香堂書店）など。

おもな参考文献

『もっと知りたい！ 話したい！ セクシュアルマイノリティ』（全3巻）日高庸晴 著（汐文社）
『先生と親のためのLGBTガイド もしあなたがカミングアウトされたなら』遠藤まめた 著（合同出版）
『LGBT ってなんだろう？ からだの性・こころの性・好きになる性』藥師実芳、笹原千奈未、古堂達也、小川奈津己 著（合同出版）
『LGBTなんでも聞いてみよう 中・高生が知りたいホントのところ』QWRC、徳永桂子 著（子どもの未来社）
『セクシュアル・マイノリティ Q&A』LGBT支援法律家ネットワーク出版プロジェクト 編著（弘文堂）
『LGBTQを知っていますか？』日高庸晴 監著／星野慎二 他 著（少年写真新聞社）
『LGBTQ ってなに？ セクシュアル・マイノリティのためのハンドブック』ケリー・ヒューゲル 著／上田勢子 訳（明石書店）
『NHK「ハートをつなごう」LGBT BOOK』ソニン、ピーコ、リリー・フランキー、針間克己 他 著／NHK「ハートをつなごう」制作班 監修（太田出版）
『学校・病院で必ず役立つ LGBTサポートブック』はたちさこ、藤井ひろみ、桂木祥子 編著（保育社）
『わたしらしく、LGBTQ』（①②）ロバート・ロディ、ローラ・ロス 著／上田勢子 訳／LGBT法連合会 監修（大月書店）
『こころの科学』189号（日本評論社）

おもな参考ホームページ

厚生労働省、文部科学省、総務省、大阪市淀川区、QWRC、ILGA、マンパワーグループ、LGBT総合研究所

イラスト●斉藤みお
執筆協力●古川智子
デザイン●西野真理子（株式会社ワード）
編集協力●澤野誠人（株式会社ワード）

よくわかるLGBT
多様な「性」を理解しよう

2017年9月26日　第1版第1刷発行
2021年9月28日　第1版第3刷発行

監修者　藤井ひろみ
発行者　後藤淳一
発行所　株式会社PHP研究所
東京本部　〒135-8137　江東区豊洲5-6-52
児童書出版部　TEL 03-3520-9635（編集）
普及部　TEL 03-3520-9630（販売）
京都本部　〒601-8411　京都市南区西九条北ノ内町11
PHP INTERFACE　https://www.php.co.jp/
印刷所
製本所　図書印刷株式会社

ISBN978-4-569-78699-5

63P　29cm　NDC367